Liebe, Grenzen, Konsequenzen

Edition Psychologie und Pädagogik

Franz-Werner Müller / Hiltraud Laubach

Liebe, Grenzen, Konsequenzen

Mut zur Erziehung

Matthias-Grünewald-Verlag • Mainz

Der Matthias-Grünewald-Verlag ist Mitglied
der Verlagsgruppe engagement

Bibliografische Information Der Deutschen Bibliothek
Die Deutsche Bibliothek verzeichnet diese Publikation in der Deutschen Nationalbibliografie; detaillierte Daten sind im Internet über http://dnb.ddb.de abrufbar.

Umschlag: Kirsch Kommunikationsdesign, Wiesbaden
Layout: Kontext, Lemsel
ISBN 3-7867-2437-7

Inhalt

Liebe Leserinnen und Leser,

an diesem Buch haben viele mitgearbeitet. Die AutorInnen konnten auf eine große Zahl von Erfahrungsberichten, Vorträgen und Broschürentexte zurückgreifen, die in den letzten Jahren entstanden waren, und diese redaktionell überarbeiten.
In den Kommunen Hainburg, Rodgau-Niederroden, Rödermark und Seligenstadt (Rhein-Main-Gebiet) haben sich alle, die Kinder beruflich erziehen, auf gemeinsame Grundwerte und daraus abgeleitete Leitlinien und Methoden in der Erziehung verständigt.
Beteiligt waren die MitarbeiterInnen der Kindertagesstätten, Horte, Betreuenden Grundschulen, Schulen und die Psychologische Beratungsstelle des Caritasverbandes in Seligenstadt/Rödermark. Je nach Gemeinde kam noch der Kinderclub oder das Kinderhaus hinzu. Inzwischen arbeiten auch viele Eltern mit.
Für die vorgelegten Konzepte wurde der Landespräventionspreis Hessen verliehen und Empfehlungen der Bundesregierung und der Europäischen Union ausgesprochen.
Wie die gemeinsamen Grundwerte und Leitlinien in der Erziehung im Alltag umgesetzt werden, können Sie immer auch an praktischen Beispielen ablesen. Sie stammen alle von Eltern, Erzieherinnen, Lehrern und Erziehungsberatern und geben mehrjähriges Erfahrungswissen weiter.
Ihnen allen dafür ein herzliches Dankeschön.

Wenn Ihnen das Buch nicht nur wieder Mut zur Erziehung macht, sondern auch Freude daran, so hat es seinen Zweck erfüllt.

Mainz, im Oktober 2002

Hiltraud Laubach
Franz-Werner Müller

1. Das Recht auf Erziehung

1.1. Verunsicherung nicht nur durch die Pisa-Studie

Viele Eltern sind verunsichert: Woran sollen sie sich orientieren? Die eigenen Kinder so erziehen, wie sie selbst erzogen wurden, das geht nicht mehr, vieles hat sich in unserem Alltagsleben verändert. Früher waren das Leben und die Rollen, die der einzelne Mensch zu erfüllen hatte, stärker reglementiert. Es war relativ klar, wie ein Mann oder eine Frau zu leben hatte, was eine Mutter zu tun und ein Vater zu sagen hatte. Heute müssen wir auf vieles selbst neue Antworten finden, das kann spannend sein, ist aber nicht immer leicht. Wir werden oft mit so vielen Informationen eingedeckt, dass wir selbst nicht mehr wissen, was wir für richtig halten sollen. Viele Menschen haben verlernt, ihren eigenen Gefühlen zu trauen oder dem, was sie einmal für richtig oder falsch gehalten haben.

Die Veröffentlichung der Pisa-Studie mit den schlechten Ergebnissen für das Erziehungs- und Schulwesen in Deutschland hat eine große Diskussion über Erziehungsfragen und -ziele ausgelöst. Erziehung und Bildung erschöpfen sich nicht im Vermitteln von Lerninhalten, es geht dabei vor allem auch um Persönlichkeitsbildung. An welchen Zielen sollen Eltern, ErzieherInnen und LehrerInnen sich orientieren? Die weitaus schwierigere Frage ist: Wie sollen diese umgesetzt werden?

1.2. Kinder haben ein Recht auf Erziehung

Kinder lernen vor allem durch Erfahrung und durch Beobachtung.

Lernen durch Erfahrung:
In einem bestimmten Alter lassen Babys Gegenstände, die man ihnen in die Hand gibt, immer wieder fallen. Als Erwachsener wird man irgendwann dieses Spiels überdrüssig. Das Baby jedoch macht eine grundlegende Erfahrung: Alles, was ich los lasse, fällt nach unten und bleibt nicht etwa in der Luft hängen oder fliegt nach oben. Eine ähnliche Erfahrung macht ein Kleinkind, das aus Bauklötzen einen Turm baut und den untersten Stein wegzieht. Ein wichtiges Naturgesetz, das der Schwerkraft, ist entdeckt worden. Hilfreich bei dieser Art des Lernens ist, dass Kinder immer wieder die gleiche Erfahrung machen.

Lernen durch Beobachten:
Kleine Kinder sind Experten im Beobachten. Sie sehen sozusagen die Welt mit den Augen der Eltern. Die meisten Kinder lieben Mäuse oder Spinnen, aber wenn die Mutter auf den Tisch flüchtet, wird sie bald ihr Kind neben sich sehen. Zum Überleben ist „Lernen am Modell“ überaus wichtig und dient dazu, dass Kinder unterscheiden lernen, beispielsweise zwischen „sicher“ und „gefährlich“, zwischen „gesund“ und „giftig“ sowie zwischen „anziehend“ und „eklig“.

Erziehungsziele oder Zufallslernen?

Kinder müssen selbst Erfahrungen machen, und sie brauchen Personen, an denen sie sich orientieren können. Da Kinder sehr stark am Vorbild der Eltern lernen, ist es nicht möglich, nicht zu erziehen. Der Psychologe und Kommunikationstheoretiker Paul Watzlawik hat so genannte Kommunikationsaxiome zusammengestellt. Eines davon lautet: Man kann nicht „nicht" kommunizieren.

Jedes Verhalten zwischen Personen hat Bedeutung. Wenn beispielsweise Erwachsene bei einer Prügelei unter Kindern wegsehen, signalisieren sie, dass ihnen die Personen und deren Handlungen gleichgültig sind. Schauen sie interessiert zu, kann dies als Ermutigung wahrgenommen werden.

Wenn es also nicht möglich ist, unter Menschen, die sich begegnen, keinen Kontakt herzustellen, und wenn Kinder sich stark am Modell der Erwachsenen, mit denen sie zusammenleben, orientieren, geschieht zwangsläufig Erziehung. Wenn es also unmöglich ist, „nicht" zu erziehen, können und dürfen wir dann das, was Kinder lernen, dem Zufall überlassen, oder ist es nicht besser, Erziehungsziele einzuführen?

1.3. Partnerschaftlich demokratische Erziehung

Im Allgemeinen werden drei klassische Erziehungsstile unterschieden:

- Der *autoritäre Erziehungsstil* ist von Härte und Strenge geprägt. Kinder haben zu gehorchen, und wenn sie nicht spuren, sind harte Strafen angesagt. Es gilt das Recht des Stärkeren. Kindern wird wenig zugetraut, selbstständiges Denken ist kein Erziehungsziel, dagegen aber absoluter Gehorsam.

- Nach der *Laisser-faire-Methode* eignen sich Kinder das, was sie brauchen, am Besten an, wenn man sie gewähren lässt. Kinder entwickeln sich demnach optimal, wenn sie nicht reglementiert werden und ihre eigenen Erfahrungen machen können. Die so genannte antiautoritäre Erziehung gehörte zu den Idealen der 68er- Bewegung.

- Ein *demokratischer Erziehungsstil* geht von einem partnerschaftlichen Verhältnis zwischen Eltern und Kindern aus. Ihre Bedürfnisse und Rechte werden ernst genommen, Kinder haben aber auch einen Beitrag zum Gelingen des Zusammenlebens zu leisten. Demokratisch heißt in diesem Zusammenhang vor allem auch, dass der Einsatz von Macht begrenzt und bestimmten sozialen Regeln unterworfen ist.

Der Begriff Partnerschaftlichkeit zwischen Eltern und Kindern wird heute oft falsch verstanden und mit Gleichrangigkeit gleichgesetzt. Eltern und Kinder sind keine gleichaltrigen Partner. Es gibt ein reales Gefälle von körperlichen und geistigen Fähigkeiten und damit auch ein Gefälle der Verantwortung und der Macht. Viele Eltern haben Scheu, ihre Macht auszuüben. Die Folgen für Kinder sind dann Selbstüberschätzung und entsprechende soziale Konflikte außerhalb der Familie. Sie als gleichwertige Partner anzusehen, würde auch bedeuten, sie zu überfordern. Kinder haben ein Recht darauf, Kinder zu sein und erzogen zu werden.

1.4. Liebe als Grundvoraussetzung für Erziehung

Liebe ist die Grundvoraussetzung jedweder Erziehung. Diese Selbstverständlichkeit lässt sich nur schwer in Worte fassen. Es lässt sich sprachlich durchaus ausdrücken, was lieblos ist: Man lässt die Kinder hungern oder dürsten, man misshandelt oder beleidigt sie oder untergräbt ihr Selbstvertrauen. Die Liste lässt sich fast beliebig fortsetzen. Wie ist es nun aber mit der Liebe? Man gibt einem Kind genug zu essen und zu trinken, man schlägt das Kind nicht, man ist zu ihm höflich, man gibt ihm Anerkennung. Reicht dies schon aus, um von Liebe zu sprechen?
Liebe kann man im Grunde genommen nur erspüren und erleben, aber nicht allein vom Verstand her begreifen.
Zur Veranschaulichung schlagen wir ein kleines Experiment vor: Suchen Sie bitte in Ihrer Erinnerung eine Person, von der Sie Kritik annehmen konnten, und eine Person, von der Sie Kritik nicht akzeptieren konnten. Was unterschied diese beiden Personen? Die Antwort fällt meist recht eindeutig aus: Kritik haben Sie dann erst ernst genommen, wenn Sie das Gefühl hatten, dass zwar ein bestimmtes Verhalten missbilligt wurde, nicht jedoch Ihre ganze Person. Eine Kritik von einem Menschen, der Ihnen grundsätzlich respektvoll und liebevoll begegnete, war

eher hilfreich und annehmbar, als die Kritik einer Person, bei der Sie das Gefühl hatten, dass Sie ohnehin abgelehnt werden, egal, was Sie tun.
Erleben die Kinder die Sicherheit, trotz allem geliebt zu werden, ist dies ein nicht zu unterschätzendes Rüstzeug für ihr weiteres Leben.
Wichtig ist in diesem Zusammenhang, wie Kinder Auseinandersetzungen erleben. Erleben Sie Kritik als Abwertung bzw. Ablehnung ihrer gesamten Person oder aber als Missbilligung eines ganz konkreten Verhaltens in der Gewissheit, als Kind von Mutter und Vater trotz allem geliebt zu werden.

1.5. Blick auf die Stärken

Zu einer liebevollen Erziehung gehört auch, dass Kinder Eltern brauchen, die ihren Blick auf die Stärken ihres Kindes richten und nicht primär auf dessen Schwächen. Eine solche Grundhaltung wird in unserer Gesellschaft leicht ins Wanken gebracht. Man denke nur an die vielen Vorsorgeuntersuchungen beim Kleinkind. Das höchste Lob, das man erhalten kann, lautet: „Ihr Kind entwickelt sich altersgemäß." Vor allem werden negative Abweichungen von der Norm beachtet. Besonders deutlich wird diese defizitorientierte Grundhaltung im Bereich der Schule. Nur die Note „sehr gut" beinhaltet keine Kritik. Angestrichen werden die Fehler. Darauf wird die Aufmerksamkeit gelenkt, was im Übrigen eine der wirkungsvollsten Instruktionen dafür ist, sich genau die Fehler gut einzuprägen.

Den Eltern geht es im Grunde genommen nicht anders. Auch hier blicken die Umgebung und auch viele Eltern vor allem auf die Fehler in der Erziehung und nicht darauf, was alles gelingt. Ein Blick hingegen auf die Fähigkeiten und Stärken des Kindes und auf das, was man als Eltern im Grunde genommen alles gut macht, relativiert im Übrigen für alle Beteiligten heilsam den Stellenwert von Schwierigkeiten. Man wird dann vielleicht feststellen, dass die eigenen Kinder manche Grenzen immer wieder überschreiten und dass es regelmäßig wiederkehrende Konflikte gibt, z.B. um das Aufräumen und um das Hausaufgabenmachen oder um das morgendliche Trödeln, dass es aber auf der anderen Seite sehr viele Bereiche gibt, in denen die Familienmitglieder ihr Zusammensein genießen.
Wie ist es mit Drohungen wie: „wenn du jetzt nicht aufräumst, dann habe ich dich nicht mehr lieb" oder „du hast dein Geschwisterchen gehauen, du bist ein böses Kind" oder „geh mir aus den Augen, ich kann dich nicht mehr sehen" oder „geh auf dein Zimmer, du darfst erst wieder herauskommen, wenn du ein liebes Kind bist"? Was hat eigentlich etwas kaputt machen, hauen, nicht aufräumen, Anweisungen nicht befolgen damit zu tun, ob man ein Kind liebt oder nicht? Es kann doch nur darum gehen, dass man einem Kind deutlich macht, was es unterlassen und was es stattdessen tun soll. Es soll beispielsweise aufräumen oder mit Sachen sorgsam umgehen. Es ist für ein Kind dann nur fair, von vornherein zu wissen, was passiert, wenn es gegen eine bestimmte Regel verstößt und wie es die Angelegenheit wieder in Ordnung bringen kann.

1.6. Kinder brauchen Zeit

Für Erziehung braucht man Zeit. Eltern brauchen jedoch auch Zeit für das, was sie tun müssen oder wollen. Da man Zeit nicht zweimal ausgeben kann, entsteht oft ein Dilemma: Haben die Forderungen des Kindes nach Zuwendung und damit nach Zeit Vorrang oder meine Wünsche und Bedürfnisse? Wann kommt wer zum Zug?

Manchmal versuchen Eltern das Dilemma dadurch zu lösen, dass sie versuchen, beides gleichzeitig zu tun, z.B. Hausarbeiten erledigen, Radio hören oder ein Gespräch führen und für die Kinder da sein. In solchen Situationen kann es leicht passieren, dass die Kinder mit „gleich" vertröstet werden, wobei, nimmt man diese Aussage ernst, es einen nicht wundern darf, wenn die Kinder „gleich" wieder kommen, denn „gleich" ist nun einmal „gleich". Für das Kind ist es sicher besser, Vater oder Mutter spielen mit ihm ungestört und mit voller Aufmerksamkeit eine viertel oder eine halbe Stunde und gehen dann wieder ihrer Arbeit nach oder dem, was sie gerade tun möchten.

Generell gilt: Je jünger das Kind ist, umso mehr stehen seine Bedürfnisse im Vordergrund. Je älter ein Kind wird, umso mehr muss es lernen, dass es auch andere Bedürfnisse und Wünsche als die eigenen gibt und dass Eltern berechtigterweise auch eigene Interessen haben. Sind Kinder schließlich junge Erwachsene, sollte die Balance fast hergestellt sein. Dann sind, wie eben unter Erwachsenen meist üblich, prinzipiell die Bedürfnisse des einen so wichtig wie die des anderen.

Zurück zum Kind: Klar ist, dass es eindeutig Fälle gibt, wo meine Bedürfnisse als Vater oder Mutter zurückzustehen haben, z.B. wenn ein Kind krank ist. Den Alltag aber bestimmen viele Zweifelsfälle: Darf ich beispielsweise meinem Sohn das Trommeln verbieten, weil er mich nervt, oder muss ich es als Ausdruck seiner Kreativität ertragen? Muss ich meiner Tochter, wenn sie sagt, es sei ihr zu langweilig, zehn Vorschläge machen, was sie spielen kann? Oder muss ich selbst mit ihr spielen oder darf ich sagen: „Das ist dein Problem, ich langweile mich nicht, ich stricke gerade."

Natürlich hängt die Antwort auf diese Fragen von dem Alter des Kindes, von seinen persönlichen Eigenschaften, von dem, was es gerade braucht, und von der jeweiligen Situation ab. Doch eine wichtige Frage können Eltern sich selbst stellen: Wohin tendiere ich? Stelle ich im Zweifelsfall meine Bedürfnisse zurück oder achte ich altersgemäß auf Ausgewogenheit?

Auch hier gilt, dass Kinder sich am Modell der Eltern orientieren. Wer seine eigenen Bedürfnisse, Träume und Ziele ernst nimmt, kann besser vermitteln, was es heißt, ein lebenswertes Leben zu führen.

2. Werte und Regeln

2.1. Halten Sie das für den richtigen Weg?

1. Geben Sie Ihrem Sprössling von klein auf alles, was er begehrt. So wächst er im Glauben auf, dass ihm die ganze Welt alles schuldet.

2. Lachen Sie darüber, wenn Ihr Kind flucht, so ist es von seiner Originalität überzeugt.

3. Geben Sie ihm keine geistigen Richtlinien. Warten Sie, bis das Kind 20 ist und „seine Religion" selber wählt.

4. Sagen Sie nie zu ihm, es habe etwas Unrechtes getan, es könnte ja einen Schuldkomplex bekommen.
   Wenn es dann später für einen Diebstahl, Sachbeschädigung oder ein anderes Delikt zur Verantwortung gezogen wird, ist es überzeugt, dass ihm die gesamte Gesellschaft feindlich gesinnt ist, und fühlt sich verfolgt.

5. Lassen Sie Ihr Kind fernsehen, am Computer spielen, im Internet surfen, lesen, was, wann und wie lange es will.
   Auf Äußerlichkeiten wird Wert gelegt, aber die geistig-moralische Entwicklung wird vernachlässigt.

6. Räumen Sie geduldig alles auf, was es fallen lässt, Bücher, Schuhe, Socken ... Erledigen Sie alles an seiner Stelle. So ge-

wöhnt es sich daran, die Verantwortung immer anderen zuzuschieben.

7. Streiten Sie häufig vor Ihrem Kind, dann ist es später nicht schockiert, wenn die Familie in die Brüche geht.

8. Geben Sie ihm alles, was sein Herz an Essbarem, Getränken, Kleidung und Komfort begehrt. Bemühen Sie sich darum, ihm auch den geringsten Wunsch von den Augen abzulesen. Weigerungen könnten schließlich gefährliche Frustrationen zur Folge haben.

9. Verteidigen Sie es jederzeit gegen NachbarInnen, ErzieherInnen, LehrerInnen und die Polizei. Sie haben alle etwas gegen Ihr Kind!

Dann bereiten Sie sich auf ein freudloses Leben vor. Genau das steht Ihnen nämlich bevor!
So geht es sicher nicht. Dieser Katalog ist bestimmt keine gute Basis für ein friedliches und auf gegenseitiger Achtung beruhendes Zusammenleben der Menschen, macht aber deutlich, wie wichtig es ist, von Anfang an Orientierung zu geben.

2.2. Grundlegende Normen des menschlichen Zusammenlebens

Zum sozialen Lernen gehört eine klare Werteorientierung. Werte und Regeln haben die Funktion, das Zusammenleben der Menschen in Bahnen zu lenken. Die Alternative wäre Chaos und das

Recht des Stärkeren. Ethische Normen sind im Lauf der Menschheitsgeschichte entstanden und von unterschiedlichen Gesellschaftsformen und Religionen geprägt. Ein gewisser Kernbestand an Normen findet sich aber in allen Kulturen und in den Weltreligionen.
Unsere abendländische europäische Tradition baut auf dem jüdisch-christlichen Menschenbild auf. Ein ethischer Grundkodex wurde etwa um 1000 v. Christus in den so genannten Zehn Geboten festgehalten.

Die Zehn Gebote

Du sollst neben mir keine anderen Götter haben. Du sollst dir kein Gottesbild machen und keine Darstellung von irgendetwas am Himmel droben, auf der Erde unten oder im Wasser unter der Erde. Du sollst dich nicht vor ihnen niederwerfen und dich nicht verpflichten, ihnen zu dienen. Du sollst den Namen des Herrn, deines Gottes nicht missbrauchen.

Denk an den Sabbat: Halte ihn heilig!

Ehre deinen Vater und deine Mutter, damit du lange lebst in dem Land, das der Herr, dein Gott, dir gibt!

Du sollst nicht morden.

Du sollst nicht die Ehe brechen.

Du sollst nicht stehlen.

Du sollst nicht falsch gegen einen anderen aussagen.

Du sollst nicht nach dem Haus eines anderen verlangen.

Du sollst nicht nach der Frau deines Nächsten verlangen, nach seinem Sklaven oder seiner Sklavin, seinem Rind oder seinem Esel oder nach irgendetwas, das dem Anderen gehört.

(Das Alte Testament, Buch Exodus 20, 3-17, leicht gekürzt)

In der Neuzeit ist das Recht des einzelnen Menschen stärker in den Blickpunkt gerückt. Die Würde des Menschen wurde zum ersten Mal in Rechtsnormen umgesetzt und festgehalten in der Unabhängigkeitserklärung der Vereinigten Staaten von Amerika (1776) und in der Verfassung der Französischen Revolution (1789). 1948 verständigten sich die Vereinten Nationen (UN) auf die Allgemeine Erklärung der Menschenrechte (vgl. Menschenrechte 1991, S. 33ff.).
Einige für die Praxis der Erziehung und das Zusammenleben in Familie, Kindergarten und Schule relevanten Rechte seien kurz aufgeführt:

Allgemeine Erklärung der Menschenrechte (10.12.1948)

Artikel 1: Alle Menschen sind frei und gleich an Würde und Rechten geboren...

Artikel 2: Jedermann hat Anspruch auf die in dieser Erklärung proklamierten Rechte und Freiheiten ohne irgendeine Unterscheidung, wie etwa nach Rasse, Farbe, Geschlecht, Sprache, Religion, politischer oder sonstiger Überzeugung, nationaler oder sozialer Herkunft, nach Vermögen, Geburt oder sonstigem Status.

Artikel 3: Jedermann hat das Recht auf Leben, Freiheit und Sicherheit der Person.

Artikel 12: Niemand darf willkürlichen Eingriffen in sein Privatleben, seine Familie, seine Wohnung und seinen Schriftverkehr oder rechtswidrigen Beeinträchtigungen seiner Ehre und seines Rufes ausgesetzt werden. Jedermann hat Anspruch auf rechtlichen Schutz gegen solche Eingriffe oder Beeinträchtigungen.

Artikel 17: Jedermann hat das Recht, allein oder in Gemeinschaft mit anderen Eigentum zu haben. Niemand darf willkürlich seines Eigentums beraubt werden.

Artikel 18: Jedermann hat das Recht auf Gedanken-, Gewissens- und Religionsfreiheit.

Artikel 19: Jedermann hat das Recht auf Freiheit der Meinung und der Meinungsäußerung.

Artikel 26: Jedermann hat das Recht auf Bildung …

Artikel 27: Jedermann hat das Recht, am kulturellen Leben der Gemeinschaft frei teilzunehmen …

Artikel 28: Jedermann hat Recht auf eine soziale und internationale Ordnung, in der die in dieser Erklärung ausgesprochenen Rechte und Freiheiten voll verwirklicht werden können.

Artikel 29: Jedermann hat Pflichten gegenüber der Gemeinschaft, in der allein die freie und volle Entwicklung seiner Persönlichkeit möglich ist.
Jedermann ist bei der Ausübung seiner Rechte und Freiheiten nur den Beschränkungen unterworfen, die das Gesetz ausschließlich zu dem Zweck vorsieht, die Anerkennung und Achtung der Rechte und Freiheiten anderer zu sichern und den gerechten Anforderungen der Moral, der öffentlichen Ordnung und des allgemeinen Wohles in einer demokratischen Gesellschaft zu genügen.

Auf dieser Grundlage baut auch das Grundgesetz der Bundesrepublik Deutschland (1949) auf, auf dessen Grundwerte sich dieses Buch stützt, weil sie die Basis für unsere Demokratie und unser Rechtssystem bilden. Festgehalten seien hier Artikel 2 und Artikel 6 ([42]2000, S. 9ff).

Grundgesetz für die Bundesrepublik Deutschland, 23.5.1949

Artikel 2 (Freiheit der Person)

(1) Jeder hat das Recht auf freie Entfaltung seiner Persönlichkeit, soweit er nicht die Rechte anderer verletzt und nicht gegen die verfassungsmäßige Ordnung oder das Sittengesetz verstößt.

(2) Jeder hat das Recht auf Leben und körperliche Unversehrtheit. Die Freiheit der Person ist unverletzlich. In diese Rechte darf nur auf Grund eines Gesetzes eingegriffen werden.

Artikel 6 (Ehe und Familie)

(1) Ehe und Familie stehen unter dem besonderen Schutz der staatlichen Ordnung.

(2) Pflege und Erziehung der Kinder sind das natürliche Recht der Eltern und die zuförderst ihnen obliegende

Pflicht. Über ihre Betätigung wacht die staatliche Gemeinschaft.

(3) Gegen den Willen der Erziehungsberechtigten dürfen Kinder nur auf Grund eines Gesetzes von der Familie getrennt werden, wenn die Erziehungsberechtigten versagen oder wenn die Kinder aus anderen Gründen zu verwahrlosen drohen.

(4) Jede Mutter hat Anspruch auf den Schutz und die Fürsorge der Gemeinschaft.

(5) Den unehelichen Kindern sind durch die Gesetzgebung die gleichen Bedingungen für ihre leibliche und seelische Entwicklung und ihre Stellung in der Gesellschaft zu schaffen wie den ehelichen Kindern.

2.3. Grundwerte für die Erziehung

Für die Erziehungspraxis lassen sich daraus folgende Ziele ableiten:

Die Würde des Menschen ist unantastbar:
Auf die Erziehung bezogen bedeutet dies, dass alle, die erziehen, die Würde von Kindern und Jugendlichen schützen müssen. Konkret heißt dies beispielsweise, dass ein Erwachsener weder ein Kind beleidigen noch zulassen darf, dass Kinder un-

tereinander sich beleidigen und sich beschimpfen. Umgekehrt dürfen Erwachsene auch nicht zulassen, dass Kinder sie respektlos behandeln. Dies alles ist sicher leichter gesagt als getan. Das Problem der praktischen Umsetzung ändert aber nichts an der Geltung dieser Sätze.

Jeder hat das Recht auf die freie Entfaltung seiner Persönlichkeit, soweit er nicht die Rechte Anderer verletzt:
Bezogen auf die Erziehung ist dieser Grundsatz besonders wichtig. Er stellt jeden vor eine schwierige Aufgabe. In Familien, Kindertagesstätten, Horteinrichtungen und Schulen ist es häufig erforderlich, einen fairen Ausgleich zwischen den Interessen des Einen und denen des Anderen herbeizuführen. Im Alltag gibt es viele Möglichkeiten, Kinder erleben zu lassen, dass Gemeinschaft ein „Geben und Nehmen“ ist und Rücksichtnahme verlangt. Setzt sich die eine Seite auf Kosten der anderen durch, wird ein Potenzial für gewaltsame Formen der Konfliktaustragung geschaffen.

Unsere Regeln dazu sind:

- *Wir respektieren den Nächsten, lassen ihn ausreden, lachen keinen aus, hören zu und sagen die Wahrheit.*

- *Wir sind rücksichtsvoll und höflich zueinander (grüßen, bitten, danken, sind pünktlich, melden uns an und ab), verhalten uns hilfsbereit und holen Hilfe, wenn wir es allein nicht schaffen.*

- *Wir beachten Hygieneregeln aus Rücksicht auf unsere Mitmenschen (Hände waschen, Toilette spülen, ...)*

- *Wir achten darauf, den anderen nicht zu verletzen, weder mit dem, was wir sagen, noch mit dem, was wir tun.*

- *Wir achten alle Kulturen und Religionen.*

- *Wir erpressen und bedrohen niemanden.*

- *Wir versuchen Konflikte mit Worten zu lösen. Wenn wir jemanden verletzt haben, entschuldigen wir uns und sorgen für Wiedergutmachung.*

- *Wir haben das Recht, unsere Meinung frei zu äußern.*

Schutz der körperlichen Unversehrtheit:
Dies heißt, auf die Erziehung bezogen, dass Schläge kein legitimes Erziehungsmittel sein können. Genauso wenig sind schlagen, treten, beißen, kratzen adäquate Mittel der Konfliktaustragung.
Entscheidend ist dabei, Kindern zu zeigen und ihnen vorzuleben, wie sie Konflikte mit friedlichen Mitteln konstruktiv lösen können. Den Schutz der körperlichen Unversehrtheit zu Gewähr leisten heißt auch, dass Erwachsene sich einmischen müssen, wenn sie gewalttätige Auseinandersetzungen beobachten.

Unsere Regeln dazu sind:

- *Wir versuchen Konflikte mit Worten zu lösen. Wenn wir jemanden verletzt haben, entschuldigen wir uns und sorgen für Wiedergutmachung.*

- *Wir achten darauf, dass wir andere Menschen nur dann berühren, wenn sie dies wollen. Ein „nein“ muss respektiert werden.*

- *Wenn wir feststellen wollen, wer körperlich überlegen ist (z.B. schneller, weiter, stärker), sind wir fair und halten entsprechende Spielregeln ein.*

- *Wir achten darauf, andere Menschen nicht zu verletzen, z.B. durch schlagen, treten, beißen oder kratzen.*

Schutz des Eigentums:

Kinder müssen zwischen „Mein“ und „Dein“ unterscheiden lernen. Wollen sie etwas haben, z.B. ein Spielzeug, das ihnen nicht gehört, müssen sie darum bitten, auch wenn sie damit nur spielen wollen. Wird ihre Bitte oder Forderung mit „nein“ beantwortet, so müssen sie lernen, dies zu respektieren, auch wenn es ihnen schwer fällt. Das abgewiesene Kind wird diese Regel nur dann annehmen, wenn es sich darauf verlassen kann, dass dies auch für sein Eigentum gilt.

Unsere Regeln dazu sind:

- *Wir gehen mit fremdem Eigentum sorgsam um und nehmen auch niemandem etwas weg.*
- *Wir sind für unsere Kleidung und unsere persönlichen Dinge selbst verantwortlich.*
- *Wir räumen die Sachen, die wir benutzt haben, wieder an ihren Platz zurück und achten auf Ordnung.*

Achtung und Respekt vor der Schöpfung:
Der behutsame und achtsame Umgang mit der Schöpfung sollte allen Menschen selbstverständlich sein. Achtung und Respekt vor der Schöpfung ist Grundlage sowohl für das menschliche Zusammenleben als auch für den Erhalt unserer gemeinsamen Umwelt.

Unsere Regeln dazu sind:

- *Wir gehen sorgsam und verantwortlich mit der Natur um, wir sind mit Materialien sparsam und verhalten uns umweltbewusst.*
- *Wir bemühen uns, keine Lebensmittel wegzuwerfen.*

Hinter diesen Grundwerten und Regeln stehen alle Kita- und Hort-Teams sowie die Kollegien der Schulen.
Wir gehen davon aus, dass alle Eltern in ihrer Erziehung auf die Einhaltung der Grundwerte achten und uns daher bei unserer Arbeit unterstützen!

3. Kinder brauchen Grenzen

3.1. Grenzen als Schutzraum

Ohne Grenzen gibt es keine Schutzräume. Ein Raum entsteht, indem Grenzen abgesteckt werden. Grenzen markieren den freien Raum. Grenzen müssen für Kinder erfahrbar werden, so dass der Freiraum sinnvoll genutzt werden kann und zum geschützten Raum wird.

Die zunehmende Wahlfreiheit, die Kindern eingeräumt wird, eröffnet nicht nur Freiräume, sondern auch die Grenze zur Überforderung. Kinder brauchen Wurzeln und Flügel. Erst wenn ein Kind sich und seiner Umwelt sicher ist, kann es die Welt erkunden. Grenzen können helfen, das eigene Ich zu spüren und eine persönliche Identität zu entwickeln. Schutzräume sind notwendig, um ein gesundes Selbstbewusstsein entwickeln zu können.

Der Entwicklungsstand und die persönlichen Neigungen und Fähigkeiten des Kindes müssen bei der Grenzsetzung berücksichtigt werden. Kinder müssen eine Fülle von Reizen bewältigen. Deswegen müssen Eltern sortieren und ordnen, was auf ihre Kinder einstürmt. Grenzen sollen Halt und Orientierung geben. Ein Freiraum ist keine unendliche Beliebigkeit, sondern ein klar abgesteckter Rahmen, der Orientierung und Schutz bietet.

Kinder lernen die Welt kennen, indem sie ihre jeweilige Grenze abtasten. Ein Baby spürt noch nicht genau, wo sein Körper auf-

hört und der Körper der Mutter beginnt. Seine Körpergrenzen wird es erst im Laufe der Zeit erspüren lernen.
Das Gitterbett eines Kleinkindes ist kein Gefängnis, sondern ein Schutzraum. Und die Wohnungstür schützt das Kind vor der gefährlichen Straße. Dass ein Glas zerbrechen kann und der Herd heiß ist, wird das Kind erst verstehen, wenn es mehrfach diese Erfahrung gemacht hat.
Eltern müssen zum Schutz ihres Kindes gewisse Regeln aufstellen. Regeln vereinfachen den Alltag. Man muss sich nicht den Mund fusslig reden für die alltäglichen Abläufe. Worte und Taten müssen jedoch deckungsgleich sein, um Regeln einführen zu können. Die Kinder müssen nicht jede Regel verstehen und auch nicht davon überzeugt werden. In gefährlichen Situationen muss das Kind auf die Anweisung der Mutter oder des Vaters reagieren. Eltern tragen die Verantwortung, die nicht wegdiskutiert werden kann.
Es liegt in der Verantwortung der Eltern zu bestimmen, wann und bei welchen Fragen es sinnvoll ist, Kinder in die Entscheidung mit einzubeziehen. Leicht kann es Eltern passieren, dass sie ihren 2-3-jährigen Kindern ausführlich begründen, warum sie abends um 19.00 bzw. 20.00 Uhr ins Bett gehen sollen. Auf das immer wiederkehrende „Warum" ihres Kindes finden sie immer neue Argumente. Nicht wenige Eltern haben nach 22.00 Uhr sich schließlich selbst gefragt, warum ein Kleinkind abends eigentlich ins Bett gehen sollte.
Was ist passiert? Die Eltern argumentierten auf der Sachebene, während ihr Kind sich darüber freute, welch angenehme Folgen das einfache Wort „warum" immer wieder hatte. Ähnliche Effek-

te finden sich oft auch beim morgendlichen Anziehen oder beim Zähne-Putzen.

Es gibt eine Zeit zum Reden und eine Zeit zum Handeln. Wenn ein Kind über die Straße rennen will, kann ich mich als Mutter oder Vater nicht auf Diskussionen einlassen. Die Sicherheitsnotwendigkeiten gebieten, einem Kind Grenzen zu setzen und ihm ganz klar zu sagen, was es tun und was es lassen soll. Mit zunehmendem Alter lernen dann die Kinder, Gefahren besser einzuschätzen und zunehmend die Verantwortung für ihr Handeln zu übernehmen. Dafür müssen Kinder Bewertungen und Wertentscheidungen erst lernen.

Das moralische Bewusstsein ist ein Lernprozess, der sich nach und nach entwickelt. Zu diesem komplexen Thema gibt es unterschiedliche psychologische Theorien. Vereinfacht lässt sich sagen:

- Die moralische Entwicklung des Vorschulkindes: Die Welt ist erst einmal so, wie Eltern es sagen. Worte werden ganz genau genommen und überprüft. Es ist die Phase der „Gehorsamsorientierung". Ereignisse und Handlungen sind wertfrei. Es ist etwas angenehm oder unangenehm, aber frei von Moral. Ob etwas schlimm ist, wird bei den Eltern erfragt. „Mama, gell, der ist böse, oder das ist schlimm?"

- Die moralische Entwicklung des Schulkindes: Diese Phase ist vom Grundsatz „Wie du mir, so ich dir" geprägt. Lässt du mich mit deinem Spielzeug spielen, dann bekommst du auch meins. Einschätzungen, Bewertungen und Gerechtigkeitsempfinden entwickeln sich.

- Die moralische Entwicklung von Jugendlichen: In der späten Kindheit und im Jugendalter beginnt die Phase der Wertorientierung und moralischer Prinzipien. Es beginnt mit einem „Schwarz-Weiß-Denken". Zwischentöne zu integrieren ist ein lebenslanger Prozess. Die Entwicklung geht von dem „Entweder-oder-Prinzip" zum „Sowohl-als-auch-Prinzip". Das Handeln wird vorrangig durch moralische Prinzipien bestimmt.

3.2. Regeln als Orientierungshilfe

Damit Kinder sich orientieren können, brauchen sie klare Anweisungen. Eine Bitte sollte nicht mit einer Anweisung verwechselt werden, um das Kind nicht zu verwirren und unnötigen Stress zu vermeiden.

Wenn wir eine Regel einführen wollen, empfiehlt es sich, genau zwischen Bitte und Anweisung zu unterscheiden. Eine Bitte kann vom Kind abgelehnt werden. Die Eltern sollten mit der Ablehnung des Wunsches umgehen können, ohne ärgerlich oder beleidigt zu sein.

Anweisungen hingegen sollen vom Kind befolgt werden. Hinter Anweisungen der Eltern stehen selten Willkür, sondern Notwendigkeiten des Alltags. Nehmen sich Eltern selbst ernst und möchten sie für ihre Kinder glaubwürdig sein, so müssen Konsequenzen aus dem Nichtbefolgen der Anweisung entstehen.

Die Konsequenzen sollten sich aus der Sache ergeben und im Voraus von den Eltern festgelegt werden. Fair ist es, wenn das Kind von vornherein weiß, was bei Verstoß gegen die Anweisung

Gibt es eine Regel?	→ *Nein* →	*Welche Regel könnte eingeführt werden?*
↓ *Ja* ↓		
Stehen die Eltern, ErzieherInnen, Lehrkräfte hinter dieser Regel?	→ *Nein* →	*Was muss an der Regel verändert werden, um Konsens bzw. Übereinstimmung zu erreichen?*
↓ *Ja* ↓		
Kennen die Kinder diese Regel ?	→ *Nein* →	*Wie kann eine Regel den Kindern nahe gebracht werden? Welche unterstützenden Maßnahmen gibt es? (Rituale, Symbole malen ...)*
↓ *Ja* ↓		
Wird die Konsequenz folgenden Ansprüchen gerecht (Qualitätsprüfung): 1. Die Konsequenz muss sozial verträglich und mit den Grundwerten vereinbar sein. Diese Grundwerte sind: Respekt vor der Würde des Menschen, Schutz der körperlichen Unversehrtheit und Respekt vor Eigentum und Schöpfung. 2. Die Konsequenz muss eine Wiedergutmachung bedeuten nach dem Prinzip: sozial schädliches Verhalten durch sozial nützliches Verhalten auszugleichen.	→ *Nein* →	*Welche Konsequenz berücksichtigt nebenstehende Grundwerte?*
↓ *Ja* ↓		
Findet die Konsequenz die Zustimmung der Gruppe und im Team der ErzieherInnen, des Kollegiums, in der Familie?	→ *Nein* →	*Gibt es eine Konsequenz, auf die sich alle einigen können.*

passieren wird. Je klarer die Anweisungen sind, desto leichter und schneller kann sich das Kind den gegebenen Umständen anpassen (z.B. im Ablauf des Tages, im Straßenverkehr, im Restaurant usw.)
Regeln werden nur eingehalten, wenn sie verstanden worden sind und ernst genommen werden. Sie müssen klar, altersgemäß und nachvollziehbar sein.
Prüfen Sie das Regelverständnis an Hand der im Folgenden aufgeführten Fragen des „Leitfadens zur Konfliktlösung“:

Leitfaden zur Konfliktlösung
Regeln müssen klar und altersgemäß formuliert sein. Nur dann können sie von Kindern eingehalten werden. Damit die aufgestellten Regeln von den Kindern verstanden werden, müssen Eltern, ErzieherInnen und Lehrkräfte mit ihnen darüber reden. In den Familien, Kindertagesstätten, in den Horten und in den Schulen gibt es immer wieder Konflikte. Der folgende Leitfaden dient dazu, wenn noch erforderlich, eine sinnvolle Regel zu erarbeiten oder eine bereits vorhandene Regel zur aktuellen Konfliktlösung zu nutzen.

Aber selbst die besten und klarsten Regeln schützen nicht vor Konflikten. Es gehört zu der Entwicklung von Kindern, dass sie Regeln in Frage stellen und Grenzen überschreiten und damit ihre Eltern herausfordern.
Kinder müssen Grenzen überschreiten, um lernen zu können, sich in der Welt zurecht zu finden. Und genau deshalb müssen Eltern klare Grenzen aufstellen. Als Folge für eine Regelübertre-

tung soll jedoch keine willkürlich gesetzte Strafe, wie Fernsehverbot, oder: „Nächste Woche darfst du nicht das und das" folgen, sondern eine aus der Handlung ersichtliche „natürliche Konsequenz". Wenn ein Glas zerbricht, muss es aufgekehrt werden. Wenn Spielzeug kaputt gemacht wird, soll es repariert werden. Auf jeden Fall sollte es nicht gleich ersetzt werden. Wenn Kinder ihre Eltern schlagen, müssen diese sich aktiv schützen und deutlich sagen: „Das tut mir weh, ich will nicht, dass du mich schlägst."

Kinder müssen mit den Folgen ihres Tuns konfrontiert und zur Wiedergutmachung angeleitet werden. Aus diesem Grund kann unkontrolliertes Fernsehen so schwerwiegend sein. Kinder lernen hier, etwas zu sehen, ohne handeln zu können, z.B. bei Gewalt handlungen weder Hilfe holen noch trösten zu können. Sie lernen, dass Opfer von Gewalthandlungen keine realen Schmerzen haben. Die Einschätzung zu Schmerzen wird verzerrt. Die Gefühle stumpfen ab, und die Handlungsfähigkeit verkümmert.

Kinder fordern uns heraus, Grenzen zu setzen. Sie wollen wissen, woran sie sind. Es ist wichtig für sie, dass wir unsere eigene Position klar vertreten. Regeln und Grenzen dürfen jedoch nicht zum Selbstzweck werden. Regeln und Grenzen müssen mit den Kindern mitwachsen. Zu enge und zu viele Grenzen beschneiden genauso die Entwicklungsmöglichkeiten für Kinder wie zu wenig Grenzen. Grenzen müssen zur Situation und zu den Menschen passen. Die Fähigkeit und Bedürfnisse müssen sich in den Regeln widerspiegeln. Wichtig ist, dass die Grenzen, die gesetzt werden, klar sind und auch von den Eltern konsequent verfolgt werden.

Grenzen sind die Schnittstelle zwischen der eigenen Welt, den eigenen Bedürfnissen und den Wünschen und Bedürfnissen der anderen Menschen. Diese Grenze muss immer wieder erfahren werden, sodass es zu einem Aushandlungsprozess, zur Gestaltung von etwas Gemeinsamem kommen kann.

3.3. Konsequenzen statt Strafe

Eine Strafe ist eine willkürlich gesetzte negative Maßnahme, die oft den Unmut der gemaßregelten Person hervorrufen kann. Unter Konsequenzen verstehen wir eine natürliche Folge einer Handlung mit dem Ziel, Verantwortung für das eigene Tun zu lernen.
Was vermitteln wir unseren Kindern durch Strafen? Das Kind weiß im Nachhinein, das etwas dem Erwachsenen missfallen hat. Das Kind erträgt etwas Unangenehmes, und danach ist es wieder ausgeglichen. Das Kind lernt abzuschätzen, welchen Preis es für bestimmte Taten zahlen muss. Aber es lernt nicht, die Folgen seiner Handlung einzuschätzen. Eine Strafe erschwert, dass der Täter oder die Täterin lernt, Verantwortung zu übernehmen. Strafen stellen die Person des Kindes in den Mittelpunkt und nicht die problematische Handlung und ihre Folgen. Eine Strafe wertet die Person ab. Strafen verhindern jedoch keine unerwünschten Verhaltensweisen. Eher wirken sie verhaltensstabilisierend, da durch die Strafe scheinbar das moralische Gleichgewicht wieder hergestellt wird.

Beispiel
Wie viele Kinder in ihrem Alter trödelt die 4-jährige Sarah jeden Morgen beim Anziehen. Obwohl sie gern in die Kindertagesstätte geht, kommt sie deshalb trotzdem fast jeden Morgen zu spät. Inzwischen gibt es fast täglich Streit zwischen Mutter und Tochter um das Anziehen, bei dem Tränen fließen.
Was können die Eltern tun?
Sie könnten Schläge androhen, wenn es dann bei Drohungen bleibt, lernt Sarah das, was die Eltern sagen, nicht sonderlich ernst zu nehmen. „Rutscht ihnen aber die Hand aus", haben die Eltern ein schlechtes Gewissen und versuchen alles wieder gut zu machen.
Sarah wird dadurch in ihrem Trödeln noch mehr bestärkt.

Auch die Androhung eines abendlichen Fernsehverbotes bewirkt in der Regel wenig. Wenn es umgesetzt würde, wäre es ziemlich weit weg und hätte inhaltlich mit dem morgendlichen Trödeln nichts zu tun.
Im konkreten Fall stellten die Eltern die Regel auf, dass Sarah spätestens um 8.30 Uhr vor der Haustür sein muss, egal wie weit sie sich bis dahin angezogen hat. Die Mutter verlässt pünktlich das Haus und nimmt Sarah und deren Kleidung mit. Im Auto hat Sarah noch die Gelegenheit, sich auf dem Weg zur Kindertagesstätte anzuziehen. Ansonsten geht Sarah, so wie sie angezogen ist, in die Gruppe.
Jedes Kind ist anders, so dass es keine universellen Rezepte geben kann. Im konkreten Fall wollte Sarah wissen, ob die Eltern wieder nur etwas androhen, oder ob sie dieses Mal ihren

Worten auch Taten folgen lassen. Entsprechend zog sie sich beim ersten Mal erst kurz vor der Kindertagesstätte an. Dies geschah dann allerdings mit erstaunlicher Geschwindigkeit.
Kritisch wurde es noch einmal, nachdem es monatelang wegen des Anziehens keine Probleme gab. Sarah wollte testen, ob die Regeln von damals auch heute noch gelten. Sie probierte aus, was beim morgendlichen Trödeln passiert. Die Eltern drückten immer wieder ein Auge zu. Es kam zu einem so genannten Rückfall, der schnell behoben war, als Mutter und Vater sich wieder verlässlich und entsprechend konsequent Sarah gegenüber verhielten.
Wenn es im Alltag so schwierig ist, für das jeweilige Kind passende Konsequenzen zu finden, woran kann man sich orientieren? Ein sinnvolles Prinzip ist der „soziale Ausgleich". Es bedeutet festzustellen, wer geschädigt oder verletzt wurde und dafür Sorge zu tragen, dass eine Entschuldigung und Wiedergutmachung erfolgen. Die Handlung des sozialen Ausgleichs ermöglicht der Person, die ihn leistet, Achtung und Würde zu bewahren und sie wirkt beziehungsfördernd im Unterschied zur Strafe, die den Kontakt abbricht.
Verantwortung zu übernehmen heißt, die Folgen der Tat auszugleichen, soweit es der Person möglich ist. Durch die Mühe, die damit verbunden ist, lernt man die Folgen der Tat abzuschätzen und bringt dadurch schneller die Kraft auf, sein Verhalten zu kontrollieren.

Beispiel
Frau und Herr Schulze möchten, dass ihre beiden Kinder im Haushalt etwas mithelfen. Der 12-jährige Jens soll verlässlich die Mülleimer lehren. Wenn er dies bis 18.00 Uhr nicht erledigt hat, übernimmt seine Mutter diese Aufgabe. Zum sozialen Ausgleich muss dann Jens in der Küche, dem Flur und im Wohnzimmer gründlich Staub saugen. Sollte er diesen „sozialen Ausgleich" nicht leisten, wird er von den Eltern „bestreikt". Dieser „Generalstreik" ist bis auf die Sekunde befristet, bis Jens alles ausgeglichen hat.

Wir können das Verhalten anderer Menschen nicht erzwingen, aber es liegt in unserer Hand, verantwortlich zu reagieren. Wir haben unsere Mitmenschen nicht im Griff, aber wir sind verantwortlich für unsere Taten. Ziel der Erziehung ist es, sich im Leben zurecht zu finden. Das geht nur über das Annehmen der Realität und das Erwerben vieler verschiedener Handlungsmöglichkeiten.

3.4. Regeln und Konsequenzen

Die entscheidende Frage, welche konkreten Regeln eingeführt werden, liegt in der Verantwortung der Eltern und der an der Erziehung beteiligten Personen wie ErzieherInnen oder LehrerInnen. Bei wichtigen Themen oder bei Problemen, die in verschiedenen Lebensbereichen auftauchen, ist es sinnvoll sich abzustimmen.

Beispiel:
Hans ist Schüler der dritten Klasse. Seine Lehrerinnen beklagen sich darüber, dass er seine Hausaufgaben nur selten erledigt. Vereinbart wird, dass Hans sein Hausaufgabenheft sorgfältig führt und sich zumindest in den ersten zehn Wochen jede Stunde von den LehrerInnen gegenzeichnen lässt. Dies gilt auch, wenn er in dem entsprechenden Fach keine Hausaufgaben hat. Für diese besondere Mühe erhält Hans pro gelungenen Tag einen Strich auf einen eigens dafür angefertigten Kalender. Ab 5 Strichen gibt es „Überraschungsgutscheine". Diese sind gestaffelt und können für Aktivitäten eingelöst werden, die Hans besonders gerne mag. Wenn allerdings die Gegenzeichnung für ein Schulfach fehlt, muss Hans zu Hause jeweils mindestens eine halbe Stunde für dieses Fach zusätzlich üben. Was jeweils zu tun ist, teilen die Lehrerinnnen den Eltern rechtzeitig mit.

Manchmal ist es nicht möglich sich abzustimmen. In diesem Fall sollten die Konsequenzen in der betroffenen Einrichtung eingelöst werden.
Wenn Georg beispielsweise die Woche über mehrfach seine Hausaufgaben unvollständig erledigt hat, muss er sie in der Sportstunde am Freitag nachholen. Er darf erst dann mitspielen, wenn er damit fertig geworden ist.
Auch hier gilt, dass jedes Kind anders ist und jeweils individuelle Lösungen notwendig sind. Ein Kind, das keinen Sport mag, würde sich vielleicht sogar freuen und die Erledigung seiner Hausaufgaben auf Freitagvormittag verschieben.

Wir erleben unsere Umwelt über unsere Sinne.
Die drei Hauptsinneskanäle sind die Haut, die Augen und das Ohr. Die Haut ist unser größtes Organ, das Spüren ist für Kinder am wichtigsten. Bei Kindern, die „schwer hören", ist es sinnvoll, alle Sinneskanäle anzusprechen und akustische, optische und taktile Reize auszusenden.

- *Sprechen Sie alle drei Haupt-Sinneskanäle Ihres Kindes an, wenn Sie eine Regel einführen oder daran erinnern wollen.*

- *Gehen Sie in Blickkontakt zum Kind.*

- *Halten Sie ihr Kind an den Händen*

- *und sprechen Sie mit ihm.*

- *Warten Sie, bis das Kind durch ein Nicken oder Ja sagen signalisiert, dass es verstanden hat, um was es Ihnen geht.*

- *Überlegen Sie im Vorfeld und entscheiden Sie sich für Konsequenzen.*

- *Vergewissern Sie sich, dass Sie die Konsequenzen auch einhalten.*

3.5. Alltagsbeispiele

Der Kampf ums Essen
Die dreijährige Eva isst bei den Großeltern wochentags zu Mittag. Oma und Opa bieten ihrem Enkelkind alle möglichen Speisen an. Sie reden ihr gut zu und begründen, wie gesund Obst, Salat und Gemüse sind. Eva wird immer wählerischer und isst kaum noch etwas. Die Großeltern verstärken ihre Bemühungen. Sie bieten eine noch größere Auswahl an und begründen noch ausführlicher. Ein Teufelskreis beginnt.
Was hat Eva gelernt?

- *Sie lernt, dass die Verweigerung zu einer noch größeren Auswahl führt und die volle Aufmerksamkeit der Großeltern gesichert ist (Erfahrungslernen).*

- *Das Mädchen beobachtet, dass die Großeltern sich hier kooperativ verhalten und sich beide bemühen, ihrem Enkelkind die Nahrung zukommen zu lassen (Lernen durch Beobachten).*

Erklärungen sind nicht relevant, denn die Urteilsfähigkeit einer Dreijährigen ist überfordert. Allgemeine Ernährungsgrundsätze sind als Begründung für Jugendliche geeignet, aber nicht für Kinder im Vorschulalter.

Alternative: Es hätte eine einfache klare Anweisung genügt, etwa in der Form: „Du darfst dir etwas von den Sachen auf dem Tisch zum Essen aussuchen, etwas anderes gibt es nicht“. Sofern Eltern bzw. bei Eva die Großeltern, diese Ankündigung in die

Tat umsetzen, entspannt sich üblicherweise nach einiger Zeit der Kampf ums Essen.

Streit ums Aufräumen:
Der fünfjährige Peter hat viele Spielsachen, die fast immer in seinem Zimmer und oft auch in der ganzen Wohnung herumfliegen. Er macht vieles kaputt, achtet nicht auf die Dinge und bekommt von den Großeltern und der übrigen Verwandtschaft immer wieder Nachschub geschenkt.

- Wenn Eltern es ihrem Kind überlassen, wann und wie viel es aufräumen will, besteht die Gefahr, dass das Zimmer chaotisch wird und viele Spielsachen kaputt gehen. Wenn die Eltern alles neu kaufen, lernt das Kind: Ich muss auf nichts achten, alles wird ersetzt. Es gibt alles im Überfluss. Mama räumt auf.

- Irgendwann fangen auch Eltern, die ihrem Kind alles überlassen, zu nörgeln an. Der Junge in unserem Beispiel lernt, seine Ohren auf Durchzug zu stellen. Wenn so ein Verhalten auf den Kindergarten und die Schule übertragen wird, sind Klagen der ErzieherInnen und LehrerInnen vorprogrammiert.

- Problematisch wird es auch, wenn ein Elternteil versucht konsequent zu sein und der andere seinen Partner oder seine Partnerin als zu streng einschätzt. Die Folge ist, dass das Kind beim „weicheren" Elternteil Schutz sucht. Das Kind lernt vermutlich so irgendwann, die Eltern gegeneinander auszuspielen.

Alternative: Alles, was bis zu einem fest vereinbarten Zeitpunkt auf dem Boden liegt, kommt in eine Kiste. Diese Kiste kommt für eine Woche in den Keller. Wenn aufgeräumt ist, darf das Kind sich eine Kiste holen.
Vorteil: Im Extremfall ist irgendwann aufgeräumt, weil alles im Keller ist, und das hat zur Folge, dass eine Kiste geholt werden darf.

Ähnlich verhält es sich, wenn die Mutter einer 15-jährigen Tochter sagt, dass sie in Zukunft nur noch das wäscht, was sich in dem dafür vorgesehenen Korb im Keller befindet. Hält sie sich konsequent daran und bleibt ihre Tochter weiter unordentlich und lässt alles in ihrem Zimmer liegen, entsteht irgendwann ein akuter Notstand, der Verhaltensänderungen nahe legt.

Geschwisterstreit
Tobias (6) und Paul (4) streiten sich immer wieder um Spielzeug. Der eine beklagt sich über den andern, dass er etwas weggenommen hat und umgekehrt.
Die Eltern sind gefordert und können sich aus dem Streit der Brüder nicht herausziehen. Mischen sie sich nicht ein, so gilt das Recht des Stärkeren. Spielen die Eltern Schiedsrichter, besteht die Gefahr, dass derjenige am ehesten Recht bekommt, der am lautesten schreit oder sich am Besten beklagen kann und die beste Opferrolle abgibt.
Spielen die Eltern Ordnungspolizei und trennen die Buben, wenn es zu laut wird, lernen diese den Lärmpegel in Grenzen zu halten und die Eltern zu nutzen, wenn der Streit eskaliert. Wenn einer

von beiden laut wird, hat er dann die Gewissheit, vom andern getrennt zu werden.

Eine Alternative besteht darin, sich zu überlegen, ob eine soziale Grundregel verletzt wurde und dies den Streit auslöste. Im konkreten Fall handelt es sich um das (zumindest zeitweise) Recht auf Eigentum. Wer etwas von einem anderen Menschen haben will, muss fragen. Ein „nein" gilt es zu respektieren.
Bei Tobias und Paul brauchen die Eltern in Zukunft nur noch nachzufragen, ob diese Grundregel eingehalten wurde.
Sofern dies nicht der Fall ist, ergeht die Anweisung, die Frage nachzuholen. Wenn einer der beiden Brüder Schwierigkeiten hat, ein „nein" zu ertragen, erhält er die nötige Unterstützung von Mutter und Vater.

Stopp, keine Übergriffe!

Inzwischen gibt es eine ganze Reihe von Grundschulen, die folgende Grundregel eingeführt haben: „Stopp, keine Übergriffe! Wer jemand verletzt hat, entschuldigt sich in angemessener Art und Weise."
Dies heißt zunächst, der anderen Person in die Augen zu sehen, seine Entschuldigung als kompletten Satz zu formulieren und nachzufragen, ob damit die Angelegenheit wieder in Ordnung gebracht worden ist.
Sofern morgens keine Entschuldigung geleistet wird, kann sie auch nachmittags schriftlich nachgeholt werden. Sie dient dann als Vorbereitung für die mündliche Entschuldigung am darauf folgenden Schultag.

Manchmal kann es allerdings auch notwendig sein, dass eine Wiedergutmachung geleistet wird, die über eine verbale Entschuldigung hinausgeht.

Beispiel:
Marcel, 8 Jahre alt, hat in der Pause Philipps Kopf zweimal an die Wand geschlagen. Die Situation wird von der Lehrerin mit beiden Jungen besprochen.
Philipp ist so verletzt, dass er zu diesem Zeitpunkt keine Entschuldigung annehmen kann. Weil bald Schulschluss ist, erhält Marcel die Chance, sich schriftlich zu entschuldigen. Am nächsten Tag trägt er diese Entschuldigung vor. Philipp nimmt sie an, sofern Marcel als Wiedergutmachung mit ihm in der Pause etwas spielt, was Philipp sich aussucht.

4. Regelverstoß - Wie gehen wir damit um?

Regelverstöße verlangen eine angemessene Reaktion, denn Wegschauen macht vieles schlimmer.

Leitfaden für das Handeln von Eltern, ErzieherInnen und LehrerInnen. Eine Hilfe zur Versöhnung.

1. Klärung der Situation

   Der erste Schritt besteht darin zu klären, ob jemand verletzt, geschädigt oder beeinträchtigt wurde. Im Alltag einer Familie, Kindertagesstätte, eines Hortes oder einer Schule bedeutet dies beispielsweise, ein weinendes Kind zu trösten und die Beteiligten zu fragen, was passiert ist.

2. Konfrontation des schuldigen Kindes
   - *mit den Folgen der Handlung, beispielsweise dem zugefügten Schmerz*
   - *mit der Tatsache, dass es ein Verstoß gegen eine wichtige soziale Regel war*

3. Erwecken von Mitgefühl und Einsicht
   - *Mitgefühl mit dem verletzten Kind*
   - *Einsicht, dass die soziale Regel notwendig ist und von allen Kindern respektiert und eingehalten werden muss*

4. **Die nötige Zeit lassen zum Nachdenken und sich besinnen**

5. **Gespräch darüber, wie die Angelegenheit wieder in Ordnung gebracht werden kann.**
Wenn erforderlich, wird das Kind unterstützt, seinen Vorsatz in die Tat umzusetzen.

6. **Hilfestellung für Entschuldigung und Wiedergutmachung**
   - **Für das Kind**
   Es ist wichtig, sich nicht mit einer gemurmelten „Entschuldigung" zufrieden zu geben, sondern das Kind anzuleiten, dem Anderen in die Augen zu schauen und zu sagen, wofür es sich entschuldigt und was ihm Leid tut.
   Die weitere Aufgabe ist die Begleitung des Prozesses durch die Erwachsenen. Vielleicht ist das verletzte Kind so wütend, dass es im Moment die Entschuldigung überhaupt nicht annehmen kann, sondern erst später.
   Vielleicht reicht die Entschuldigung zur Versöhnung aus, und der Konflikt ist gelöst. Möglicherweise ist mehr erforderlich, damit der soziale Ausgleich wiederhergestellt wird. In diesem Fall muss über eine Wiedergutmachung durch Taten gesprochen werden.

   - **Für die Gemeinschaft**
   Sofern die Wiedergutmachung in der Gemeinschaft geschieht, erkennt das Kind gleichzeitig die soziale Grundregel dieser Gemeinschaft an, und die soziale Ordnung ist wiederhergestellt.

7. Wiedereingliederung des Kindes in die Gemeinschaft

Für Erwachsene stellt sich folgende Aufgabe:
Wir müssen Fortschritte des Kindes bei der Einhaltung sozialer Grundregeln wahrnehmen und anerkennen.

> *Versöhnung kann man nicht erzwingen, jedoch lassen sich die Voraussetzungen dafür schaffen!*

5. Mit Konflikten leben

Konflikte an sich sind nicht das Problem. Die entscheidende Frage ist, wie sie gelöst werden. Menschen machen Fehler, einige mehr, andere weniger. Überhaupt keine Fehler zu machen, ist ein absolut unrealistisches Lebensziel. Erziehungsziel kann hier deswegen auch nur sein, dass ein Mensch lernt, zu den eigenen Fehlern und Schwächen zu stehen, die Verantwortung für die Folgen zu übernehmen und den möglicherweise angerichteten Schaden wieder gut zu machen. Zu den Fehlern zu stehen bedeutet auch, sich bei der geschädigten Person zu entschuldigen.
Wenn man Kindern angemessenes Sozialverhalten erfolgreich vermitteln will, geschieht dies am Besten dadurch, dass man es ihnen im Alltag vorlebt. Dafür sind die folgenden Regeln gedacht, die sich an Erwachsene als Vorbilder richten. Wenn man sie Kindern oder Jugendlichen erklären will, empfiehlt sich jeweils eine ihrem jeweiligen Alter angemessene Sprache zu wählen.

Regeln für das Entschuldigen

1. Den richtigen Zeitpunkt wählen

Es ist schwierig, den richtigen Zeitpunkt zu wählen. Manchmal hilft eine sofortige Entschuldigung zu verhindern, dass sich die Situation hoch spielt.

Das andere Mal ist es besser abzuwarten, bis sich die Wogen geglättet haben.

Es kann auch am Besten sein, wenn man sich zu beiden Zeitpunkten entschuldigt.

2. Sich genügend Zeit lassen
Es ist sinnvoll, sich einen Zeitpunkt auszuwählen, zu dem Beide die nötige Zeit aufbringen können, um alles in Ruhe zu besprechen.

3. So bald wie möglich reagieren
Es ist wichtig, so bald wie möglich zu reagieren und nicht etwa monatelang zu warten.

4. Sich entspannen
Es lohnt sich, erst einmal selbst ruhig zu werden, der anderen Person direkt in die Augen zu sehen und klar und ruhig zu sprechen.

5. Verantwortung übernehmen
Wenn man sich entschuldigt, sollte man sehr klar ausdrücken, was einem Leid tut und wofür man sich entschuldigt.

6. Perspektivenwechsel durchführen
Man sollte das Ganze vom Standpunkt der anderen Person aus betrachten; um nachzuvollziehen, was sie verletzt hat.

7. Kurz erklären
Es ist sinnvoll zu erklären, wie der eigene Fehler zu Stande kam, allerdings nicht zu lange.

8. Verursachten Schaden beheben
Man sollte versuchen, das Problem, das durch den eigenen Fehler entstanden ist, zu lösen.

9. Auf jeden Fall nachfragen
Unverzichtbar ist die Frage, ob die andere Person die Entschuldigung annehmen kann.

Was man vermeiden sollte

1. Verschämte und nahezu unhörbare Entschuldigungen, ohne dem Anderen ins Gesicht zu sehen.

2. Die andere Person zu beschuldigen, teilweise oder ganz mit Schuld zu haben.

3. Auf gar keinen Fall sollte man Fehler aufführen, die die andere Person in der Vergangenheit gemacht hat.

4. Wenn man sich entschuldigt, sagt man es dem Betreffenden selbst. Es hilft wenig, anderen Leuten zu erzählen, dass es einem Leid tut.

5. Angenehme Geschenke ersetzen keine Entschuldigung, auch wenn man zur Wiedergutmachung viele nette Dinge tun kann.

6. Man sollte sich nicht für etwas entschuldigen, was man nicht getan hat, nur damit die Wogen wieder geglättet werden.

Wie man Entschuldigungen annimmt

1. Man hört sich die Erklärung des anderen an und dankt dafür, dass er sich entschuldigt.

2. Hat sich jemand angemessen entschuldigt, sollte man auf jeden Fall positiv reagieren und sich bemühen, nicht nachtragend zu sein.

5.2. Konflikte in Personen

Konflikte spielen sich nicht nur zwischen Personen ab, sondern es gibt auch Konflikte, die man in sich selbst trägt. Ist man mit sich selbst nicht im Reinen, so erhöht dies wesentlich die Wahrscheinlichkeit, mit anderen in Konflikt zu geraten. Dieser Zustand wird oft mit „Ich bin halt nicht gut drauf" beschrieben. Wenn jemand so etwas sagt, sollte man sie oder ihn tunlichst vorsichtig behandeln.
In der kindlichen Entwicklung gibt es immer wieder Zeiten der Krise, in denen Kinder von einer Entwicklungsphase in eine andere wechseln und in denen sie für die Eltern anstrengend

sind. Diese Übergangsphasen sollen hier nur kurz benannt werden.

Eine Übergangsphase ist die vom Säugling zum Kauling. In dieser Phase nehmen Kinder so gut wie alles in den Mund. Dies ist das entscheidende Erkundungsorgan. Die Eltern sind zum Schutz ihres Kindes in dieser Zeit in hohem Maße gefordert.

Ein weiterer Übergang ist der vom Liegen zum Krabbeln. Es ist erstaunlich, wie sich durch Krabbeln die Reichweite des Babys verändert. Dies sieht man auch sofort an den Wohnungen der Familien. Das meiste steht dann in relativer Sicherheit in etwa einem Meter Höhe, außer Reichweite des Kindes. Lässt man nämlich Krabbelkinder ihre Umgebung unbegrenzt erkunden, wird diese Exploration tatsächlich zu einer aggressiven Erforschung. Dies ist gefährlich für Krabbelkinder und erhöht dramatisch den Bedarf an Vasen, Geschirr, Geräten und was sonst immer noch auf dem Boden sich befunden haben mag. Ohne Grenzen kann das lebensgefährlich werden, es ist z.B. nicht zu verantworten, ein Kleinkind eine Steckdose „erforschen“ zu lassen.

Eine wichtige Entwicklungsstufe beginnt mit der Entdeckung der Macht der Sprache. Die magischen Wörter sind das „Nein“ und das „Warum“ in der so genannten „Trotzphase“.

Wenn ein Kind in den Kindergarten kommt, verändert das auch den Familienalltag. Viele Kinder sind jetzt zum ersten Mal in ihrem Leben regelmäßig mit anderen Kindern zusammen und müssen lernen, sich mit ihnen zu arrangieren und ein paar Stunden am Tag von den Eltern getrennt zu sein.

Ein weiterer Übergang ist der von der Kindertagesstätte in die Schule. Früher sagte man noch „jetzt beginnt der Ernst des

Lebens". So ernst soll es heute in den Schulen nicht mehr sein, aber eines ist zweifelsohne richtig: In der Schule wird Arbeitsverhalten verlangt. Dies bedeutet, dass auch Hausaufgaben erledigt werden müssen, die dem Kind keinen Spaß machen. Die so genannte Arbeitshaltung wird verlangt. Hier sind die Kinder im Vorteil, denen zu Hause kleine Pflichten übertragen wurden und die gelernt haben, diese Aufgaben zu erledigen, auch wenn sie keinen Spaß machen.

Ein ganz besonders interessantes und konflikthaftes Alter setzt mit der Pubertät ein. Hier ist ein hohes Maß an alltäglichem Konfliktmanagement gefragt. Bei den Jugendlichen gibt es in dieser Zeit zwei Tendenzen:

1. Sie opponieren gegen ihre Eltern, stellen alles in Frage, wollen nichts nachahmen, sondern alles ändern.
2. Gleichzeitig passen sie sich ihrer Bezugsgruppe in fast allem bedingungslos an, sei es Kleidung, Sprache, Aktivitäten, Hobbys etc. Auch dies ist ein Vorgang der Reifung. Was gleich bleibt, ist der Drang des Menschen, gefallen zu wollen. Nur ändert sich hier die Bezugsgruppe. Es sind nicht mehr die Eltern, denen der oder die Jugendliche gefallen will, sondern es ist die Gruppe der Gleichaltrigen. Ihnen passt er oder sie sich an, in der Hoffnung, auf diese Art und Weise dazuzugehören. Dies ist wichtig, weil anders Ablösung nicht gelingen kann. Aber auch diese Zeit geht vorüber, auch wenn es Eltern, die mitten in einer solchen Phase ihres Kindes stecken, manchmal nicht glauben mögen.

Jeder Mensch ist anders, und deswegen können solche Entwicklungsphasen recht unterschiedlich ausfallen. Zum Trost für geplagte Eltern möchten wir noch festhalten:

1. Es gibt so genannte „pflegeleichte" Kinder und andere, die immer an die Grenzen gehen. Anstrengende Kinder erkunden mehr als die anderen ihre materielle und soziale Umwelt. Sie lernen dadurch tendenziell mehr als andere und trainieren Beharrlichkeit und Durchsetzungsvermögen bei sich, aber oft auch aufseiten der Eltern.
2. Auch die Pubertät geht vorüber. Jugendliche sind in der Zeit, in der sie sich von den Eltern lösen und sich Gleichaltrigen zuwenden, von außen in hohem Maße beeinflussbar. Es ist die Zeit, in der Jugendliche mit Drogen experimentieren oder sich mit Sekten beschäftigen. Es wäre allerdings ein Irrtum zu glauben, dass sie sich dauerhaft den Gruppen Gleichaltriger anpassen. Diese Phase ist vorübergehend. Haben Jugendliche wieder einen festen Grund unter dem Boden und wieder genügend Selbstvertrauen entwickelt, können sie sowohl in der Gruppe Gleichaltriger ihren Standpunkt unabhängig vertreten als auch ihren Eltern mit der neu gewonnen Souveränität partnerschaftlich statt trotzig begegnen.

6. Lob und Anerkennung: eine Voraussetzung, Kritik annehmen zu können

Die Alltagserfahrung lehrt uns, dass Menschen, die Bestätigung erfahren, selbstsicherer und erfolgreicher sind als solche, an denen permanent herumgenörgelt wird. Die Lernpsychologie weist uns darauf hin, dass ein Verhalten, das unterstützt oder bekräftigt wird, schneller gelernt wird. Kinder testen Grenzen aus, um zu wissen, woran sie sind. Das ist wichtig. Mindestens genauso wichtig ist aber, dass sie sich grundsätzlich angenommen und geliebt fühlen. Was Liebe heißt, lässt sich letztendlich nicht in Worte fassen. In Lob und Anerkennung kommt sie aber sicherlich zum Ausdruck. Deswegen sind Komplimente so wichtig.

6.1. Regeln für das Komplimente Machen

1. Aufrichtig sein

Wenn man ein Kompliment macht, sollte man aufrichtig sein und nur einen Zug am anderen Menschen wählen, der es auch wert ist, mit einem Kompliment bedacht zu werden.

2. Realistisch bleiben

Wichtig ist es, realistisch zu bleiben und bei Komplimenten nicht zu übertreiben.

3. Mehrere Bemerkungen machen

Am Besten zeigt man aufrichtiges Interesse an der anderen Person, indem man mehrere Bemerkungen über die Eigenart macht, die einem ein Kompliment wert ist.

4. Direkt ansehen

Wenn man einem anderen Menschen etwas Wichtiges sagen will, sollte man die betreffende Person immer direkt ansehen.

6. Fragen stellen

Wenn es einen tatsächlich interessiert, lohnt es sich, Fragen zu stellen, die an das Kompliment anschließen, z.B.: „Ich finde es gut, wie hast du es geschafft?"

Was man vermeiden sollte

1. Etwas zu sagen, was man nicht wirklich meint.

2. Mehrere Komplimente auf einmal zu verteilen, besonders wenn man keine weiteren Bemerkungen mehr darüber macht.

3. Keineswegs sollte man Komplimenten die Bitte um einen Gefallen folgen lassen.

4. Wenn man ständig viele Komplimente gibt, verlieren sie an Wert.

Wie man Komplimente annimmt

1. Es empfiehlt sich, die andere Person direkt anzuschauen.

2. Man sollte keineswegs schweigen, sondern sich für das Kompliment bedanken, z.B. in der Form „es war nett von dir, das zu sagen".

3. Auf ein Kompliment sollte keineswegs eine Selbstherabsetzung folgen, so als ob man nicht glauben könnte, dass an einem irgendetwas Gutes sein könnte. Stattdessen sollte man, wenn irgend möglich, eine Bemerkung über das machen, wofür man das Kompliment bekommen hat.

4. Wenn man nicht weiß, wie das Kompliment gemeint ist, fragt man am Besten nach.

5. Man sollte es vermeiden, sofort ein Kompliment zu erwidern.

7. Angemessen Kritisieren

Für einen ehrlichen Umgang miteinander ist es aber auch wichtig, dass wir das, was uns stört oder was uns nicht passt, sagen. Wer immer alles herunter schluckt, zahlt einen hohen Preis dafür. Entweder richtet sich der Groll in selbstschädigendem Verhalten oder depressiven Verstimmungen gegen die eigene Person, oder die Menschen lassen ihrem Ärger irgendwann einmal unkontrolliert freien Lauf, manche explodieren dann regelrecht. Oft bekommt dann irgendjemand wegen einer vermeintlichen Kleinigkeit den ganzen Frust ab. Wenn uns an einem anderen Menschen etwas nicht passt, ist es wichtig, ihn so zu kritisieren, dass er die Zurechtweisung akzeptieren kann. Das ist auch gegenüber Kindern sehr wichtig. Auch hier gilt, dass Kinder mehr darüber lernen, indem sie wahrnehmen, was ihre erwachsenen Vorbilder alltäglich tun, als darüber, was ihnen gesagt wird.

7.1. Regeln für das Kritisieren

1. Ruhig bleiben

Kritisieren sollte man nur, wenn man entspannt und einigermaßen ruhig ist.

2. Richtigen Zeitpunkt wählen

Man sollte mit der betreffenden Person allein sein, und es muss genügend Zeit zum klärenden Gespräch zur Verfügung stehen.

3. Direkt ansehen

Wie bei allem, was einem wichtig ist, sollte man den Gesprächspartner oder die Gesprächspartnerin direkt ansehen und mit klarer ruhiger Stimme sprechen.

4. Gesamtzusammenhang herstellen

Kritik wird am ehesten angenommen, wenn deren Bedeutung eingeordnet werden kann. Deshalb ist es wichtig, der anderen Person zu sagen, was man gut an ihr findet, und erst dann die eine Sache anzusprechen, die man kritisieren möchte.

5. Kritik begründen

Es ist gut, wenn man sagt, warum man Jemand kritisiert, z.B. um etwas, was zwischen einem steht, aus dem Weg zu räumen.

6. Immer nur eine Sache kritisieren

Wenn man Mehreres gleichzeitig kritisiert oder die Sünden der letzten zehn Jahre vorhält, ist die Wahrscheinlichkeit groß, dass sich der Gesprächspartner oder die Gesprächspartnerin als gesamte Person abgelehnt fühlt. Entsprechend wird er oder sie Kritik kaum annehmen und stattdessen anfangen sich zu verteidigen.

7. Alternativen vorschlagen

Eine Kritik sollte, wenn irgend möglich, einen konkreten Vorschlag für eine Verhaltensalternative beinhalten. Daran anschließend kann dann gemeinsam überlegt werden, ob dieser Vorschlag oder eine andere Lösungsidee zunächst einmal umgesetzt werden soll.

Was man vermeiden sollte

1. Man sollte nicht kritisieren, wenn man selbst oder die andere Person vor Ärger außer Kontrolle ist.

2. Man sollte nicht schreien und nicht sarkastisch oder ironisch werden.

3. Es empfiehlt sich nicht, die Angelegenheit dazu zu nutzen, dem anderen Menschen alles, was er in den letzten zehn Jahren falsch gemacht hat, unter die Nase zu reiben. Stattdessen sollte man immer nur eine Sache kritisieren.

4. Jemand sollte nicht für etwas kritisiert werden, was er nicht ändern kann, z.B. ein körperliches oder persönliches Merkmal, über das er keine Kontrolle hat. Man sollte eine Person nie dafür kritisieren, was sie ist, sondern nur dafür, was sie tut.

Wie man Kritik annimmt

1. Man versucht ruhig zu bleiben.

2. Man schaut den anderen direkt an.

3. Man prüft, ob die Kritik gerechtfertigt ist. Sofern sie zutrifft, sollte man dem Anderen danken und versuchen, gemeinsam eine Verhaltensalternative zu erarbeiten.

4. Man ist sich nicht sicher, ob die Kritik gerechtfertigt ist. Hier empfiehlt es sich dem andern Menschen zu danken und ihm mitzuteilen, dass noch Zeit zum Nachdenken benötigt wird. Bereits zu diesem Zeitpunkt sollte, wenn möglich, schon ein Termin für die Fortsetzung des Gesprächs vereinbart werden.

5. Man ist sich sicher, dass die Kritik ungerechtfertigt ist. Hier empfiehlt es sich, der anderen Person zu sagen, dass man deren Kritik nicht annimmt, und ihr zu begründen, warum man zu dieser Einschätzung gelangt ist.
Auf ärgerliche Diskussionen sollte man sich nicht einlassen, sondern lieber nochmals seinen Standpunkt klar machen und nötigenfalls zu einem solchen Zeitpunkt das Gespräch beenden.

8. Konflikte als Chance

8.1. Müssen Konflikte überhaupt sein?

Es könnte so schön harmonisch sein... In diesem Satz drückt sich eine Sehnsucht aus nach Nähe, Geborgenheit und Vertrauen. Es gibt Zeiten, in denen es in Familien genauso wie in den Gruppen von Kindertagestätten und den Klassen von Schulen schön harmonisch zugeht. Alle sind zufrieden, die Beziehung stimmt, es ist schön und es könnte so weitergehen. Das andere Mal gibt es um fast alles Konflikte, und seien es die einfachsten Dinge des Lebens wie die berüchtigte zerquetschte Tube Zahnpasta oder die dauernde Unordnung, die anfangen schrecklich zu nerven.
Warum verläuft das Leben zeitweise sehr harmonisch und dann wieder mit teilweise auch unnötig erscheinenden Auseinandersetzungen? Worauf kommt es an? Müssen Konflikte überhaupt sein? Wenn sie schon so anstrengend sind, sind sie wenigstens für etwas gut, oder heißt Konflikt, dass Mütter und Väter, ErzieherInnen und LehrerInnen alles falsch machen?
Die Frage, ob Konflikte überhaupt sein müssen, kann mit gutem Gewissen und eindeutig mit „Ja" beantwortet werden. Konflikte müssen sein. Sie entstehen zwangsläufig, wenn Menschen zusammen leben. Das Wort „Konflikt" stammt übrigens vom lateinischen „konfligere" ab. Mit der Silbe „con" wird „miteinan-

der“ oder „zusammen“ angedeutet, „fligere“ bedeutet „zusammenprallen“. Man kämpft also miteinander, und im günstigsten Fall rauft man sich zusammen. Die Formulierung gibt bereits einen Hinweis darauf, was eigentlich zählt. Es ist keineswegs ein Problem, dass es Konflikte gibt, sondern es kommt darauf an, wie sie gelöst werden. Jeder gut gelöste Konflikt und jede Versöhnung festigt eine Beziehung.
Die Freiheit eines Menschen endet bekanntlich an der einer anderen Person. Genau an diesen Grenzen entstehen immer wieder Reibungsflächen, Meinungsverschiedenheiten und Auseinandersetzungen. Die Menschen sind verschieden und haben unterschiedliche Bedürfnisse. Der eine hört genussvoll laute Musik, vielleicht am liebsten Techno, anderen Menschen ist dies zuwider, sie haben lieber ihre Ruhe. Wie löst man nun einen derartigen Konflikt? Beide Bedürfnisse, das eine nach lauter Musik und das andere nach Ruhe, scheinen auf den ersten Blick gleichberechtigt. Nimmt man den Grundwert „Die Freiheit des einen endet an der Freiheit des anderen“ ernst, würde das in diesem Beispiel bedeuten: Gegen laute Musik ist nichts einzuwenden, so lange sie andere nicht stört.
Ein anderes Alltagsbeispiel ist das einer nicht erkennbaren Ordnung im Kinderzimmer. Auch hier endet die Freiheit des Kindes an der Freiheit von Mutter und Vater, die erst einmal das Chaos des Kindes beseitigen müssen, bevor sie Staub saugen oder putzen können. Beide Beispiele machen deutlich, dass es bei Konflikten immer um Wünsche und Bedürfnisse geht, die sich aktuell gegenseitig ausschließen.
Zwei Kinder wollen in der Kindertagesstätte zur selben Zeit das

gleiche Spielzeug. Beide greifen gleichzeitig danach, jeder hält es fest und versucht es dem Anderen zu entwinden. Wie soll sich jetzt eine Erzieherin verhalten? Was ist eine gute Konfliktlösung?

8.2. Konflikte als Beziehungsklärung

Alle diese Beispiele beinhalten, dass Konflikte offen ausgetragen werden. Dadurch ist es möglich, sie zu lösen. Was wäre aber gewesen, wenn eine Person sich nicht getraut hätte, zu ihren Bedürfnissen zu stehen und den Konflikt einzugehen.
Im Beispiel von der lauten Musik hätte ein Nachbar, der sich gestört fühlt, auch schweigen können. Er wäre vermutlich auf seinem Ärger sitzen geblieben und hätte dies den Liebhaber lauter Techno-Musik früher oder später spüren lassen. Vielleicht hätte er den indirekten Weg gewählt und sich in der gesamten Nachbarschaft beklagt. Vielleicht hätte er den Musikliebhaber auch keines Blickes mehr gewürdigt. Dies wäre die Grundlage einer möglicherweise dauerhaften schlechten nachbarschaftlichen Beziehung.
Was ist nun mit dem Beispiel Unordnung im Kinderzimmer? Mütter und Väter sind auch keine Übermenschen. Chaos nervt, und wenn man erst einmal eine halbe Stunde damit beschäftigt ist, dieses zu beseitigen, bevor man Staubsaugen kann, ist man zu Recht verärgert. Schlucken Eltern nun ihren Ärger hinunter und versuchen darüber zu stehen nach dem Motto: „Das sind ja nur Kleinigkeiten“, dann werden sie sich vermutlich bald damit

überfordern. Irgendwann und irgendwo und dann meist an der falschen Stelle und im unpassenden Moment bricht sich der Ärger Bahn und kann dann – weil der Situation unangemessen – vom Kind nicht nachvollzogen werden. In solchen Momenten sind häufig die Eltern verunsichert und machen sich Vorwürfe, dass sie sich so haben gehen lassen.

Viele Kinder erleben in den ersten Lebensjahren nur Erwachsene um sich. Oft haben sie erst im Kindergarten regelmäßig mit Gleichaltrigen zu tun. Viele Erwachsene neigen bei kleinen Kindern dazu, nachzugeben und sich nach deren Willen zu richten. So können Kinder nur schwer lernen, ihre Grenzen auszutesten und zu erfahren, ihre eigenen Bedürfnisse zu spüren und die Bedürfnisse anderer Menschen zu respektieren.

Wenn Konflikte auftauchen, sei es zwischen Mutter und Kind, Vater und Kind oder zwischen Kindern, dann heißt das nicht, dass Eltern und andere in der Erziehungsverantwortung stehende Personen etwas falsch gemacht haben. Da Menschen unterschiedliche Wünsche und Bedürfnisse haben, sind Konflikte unumgänglich, ja sogar notwendig zur menschlichen Entwicklung. Kinder würden kaum Einfühlungsvermögen und Mitleid entwickeln können, wenn sie nie erfahren, wann sie Grenzen überschritten und jemandem wehgetan haben.

Beziehungen gehen oft deshalb auseinander, weil jemand sich verletzt fühlt und den Kontakt abbricht statt dies anzusprechen. Viele Verletzungen geschehen im Übrigen aus Unachtsamkeit und nicht aus Absicht. Geklärte und bewältigte Konflikte können die Beziehungen zwischen Menschen klären, helfen und bereichern.

„Liebe deinen Nächsten wie dich selbst“ ist ein altes christliches Gebot, das oft falsch vermittelt wurde in dem Sinn „Liebe deinen Nächsten mehr als dich selbst“, denn wenn man die Gleichung umdreht, heißt das: „Liebe dich selbst wie deinen Nächsten“. Eine gesunde Selbstliebe und das Wahrnehmen der eigenen Bedürfnisse ist die Voraussetzung dafür, die Wünsche und Bedürfnisse anderer Menschen anzuerkennen und zu berücksichtigen. In der Bewältigung von Konflikten lernen Menschen, sich selbst und anderen gerecht zu werden.

8.3. Konflikte als Gewaltprävention

Ohne Konflikte einzugehen, lerne ich weder die Grenzen des Anderen noch meine eigenen kennen. Erst im Konflikt schärft sich das Bewusstsein, wie wichtig einem die eigenen Bedürfnisse sind, und inwieweit ein Mensch bereit ist, die Bedürfnisse eines anderen ernst zu nehmen und bereit ist, ihm zu Gunsten nachzugeben. Dies ist zur Reifung des Menschen zu einem sozialen Wesen ein oft schmerzlicher aber unverzichtbarer Prozess.
Jahrzehntelang war man der Auffassung, dass je weniger Kinder und Jugendliche von ihren Eltern oder anderen Bezugspersonen frustriert werden, je mehr man ihre Wünsche erfüllt, desto friedlicher und sozial verträglicher würden sie. Neuere anthropologische Forschungen und die Alltagserfahrungen hingegen lehren, dass das Gegenteil eher der Fall ist. Ein Kind, dem immer nachgegeben wird und das immer erhält, was es möchte, lernt eher nach dem Motto: „Je mehr er oder sie hat, desto mehr will

er oder sie" oder nach dem Grundsatz: „Gibst du den kleinen Finger, so nimmt er oder sie die ganze Hand". Dieses zuletzt genannte Phänomen erklären die Anthropologen mit dem Begriff der „aggressiven Exploration". Diese hat mit Frustration überhaupt nichts zu tun, sondern ist ein Grundprinzip des Lernens, das sich bei allen höher entwickelten Lebewesen findet. Es dient dazu, die Umgebung kennen zu lernen und beispielsweise zu erforschen, wo etwas anfängt oder aufhört, ob bestimmte Handlungen von anderen wohlwollend aufgenommen oder missbilligt werden.

Dies erklärt, warum Kinder oft hart an die Grenzen – auch die der Belastbarkeit der Eltern – gehen. Sie wollen einfach wissen, was passiert, wenn sie Grenzen überschreiten.

Aus dieser Perspektive betrachtet gibt es wenig Sinn, immer wieder eine gute Miene zum bösen Spiel zu machen, wenn Kinder Grenzen überschreiten. Es ist in der Tat ein „böses Spiel", weil Kinder zwei Botschaften erhalten: Sie spüren den Ärger und sie sehen die gute Miene. Von daher ist es kein Wunder, wenn sie noch härter an die Grenzen gehen, weil sie es endlich genau wissen wollen. Und genau an der Stelle kommt es zum Zusammenprall von zwei Personen, zu dem, was die Römer „con fligere" nannten und was wir heute als Konflikt bezeichnen.

Kinder, die sich streiten, müssen lernen, dass und wie Konflikte bewältigt werden können. Menschen, denen in jungen Jahren alle Steine und Probleme aus dem Weg geräumt werden, lernen nicht, Schwierigkeiten zu meistern. Sie sind sich ihrer eigenen Fähigkeiten nicht hinreichend bewusst und werden im Extremfall lebensuntüchtig.

Wenn sie statt dessen friedliche Konfliktlösungen nach demokratischen Spielregeln erleben, stärkt diese Erfahrung ihr Selbstvertrauen und ihre sozialen Fähigkeiten. Beides sind wichtige Faktoren zum Schutz vor Sucht und Gewalt.

Die AutorInnen und alle, die bei diesem Ratgeber mitgewirkt haben, wünschen Ihnen viel Spaß und Erfolg bei der Anwendung.
Diese Leitlinien und Methoden sind erwiesenermaßen bei Kindern und Jugendlichen nützlich aber auch zwischen Ehepartnern und anderen Erwachsenen ungefährlich.

Literatur

Das Alte Testament. Einheitsübersetzung der Heiligen Schrift, Stuttgart (Katholische Bibelanstalt) 1974.

Grundgesetz für die Bundesrepublik Deutschland. Europäische Konvention zum Schutz der Menschenrechte und Grundfreiheiten. Verfassung für Rheinland-Pfalz, hg. von der Landeszentrale für politische Bildung, Mainz, 42. Auflage 2000.

Menschenrechte. Dokumente und Deklarationen, herausgegeben von der Bundeszentrale für politische Bildung, Bonn 1991.

Langosch, Gunhild/Müller, Franz-Werner, Abenteuer Konflikt, Mainz (Matthias-Grünewald-Verlag) 1998.

Watzlawick, Paul/Beavin, Janet/Jackson, Don D., Menschliche Kommunikation. Formen, Störungen, Paradoxien. Fünfte unveränderte Auflage, Bern – Stuttgart – Wien (Verlag Hans Huber) 1980.